Ingo Heyse

ERSTE HILFE DEUTSCH

Kursmaterial für Flüchtlinge & Asylsuchende

Hueber Verlag

Inhaltsverzeichnis

3. 2. 1. | Die letzten Ziffern
2020 19 18 17 16 | bezeichnen Zahl und Jahr des Druckes.
Alle Drucke dieser Auflage können, da unverändert, nebeneinander benutzt werden.
1. Auflage

Umschlaggestaltung: Sieveking · Agentur für Kommunikation, München und Berlin
Layout und Satz: Sieveking · Agentur für Kommunikation, München und Berlin
Verlagsredaktion: Marion Kerner und Thomas Stark, beide Hueber Verlag, München
Druck und Bindung: Passavia Druckservice GmbH & Co. KG, Passau
Printed in Germany
ISBN 978-3-19-371003-1

Art. 530_23394_001_01

WILLKOMMEN!

Welcome! This book is designed to give you a solid introduction to learning German. Each lesson is spread over a double page. Firstly your teacher reads the words or sentences aloud while you listen and read along. Then you repeat the words or sentences and practise with other people on your course. More exercises are provided on the right-hand page where the ❖ symbol means that you should come up with your own answer. What's more, you can listen to recordings of the most important words and sentences on our free app EHDJ. Have fun!

Bienvenue ! Ce livre te permet une bonne initiation à la langue allemande. Chaque leçon se compose d'une double page. Tout d'abord, ton enseignant / ta enseignante lit les mots ou les phrases à haute voix. Écoute et suis le texte en même temps, puis répète. Entraîne-toi ensuite avec les autres participants du cours. Sur la page de droite, tu trouveras d'autres exercices. Le symbole ❖ signifie que tu dois donner ton point de vue personnel. Notre conseil : avec l'application gratuite EHDJ, tu peux réécouter les mots et les phrases les plus importants. Bon apprentissage !

مرحبا! بهذا الكتاب تحصل على مدخل جيد إلى اللغة الألمانية. كل درس مكون من صفحة مزدوجة. في البداية سوف تقوم / يقوم مديرة / مدير دورتك التعليمية بتلاوة كلمات و / أو جمل عليك. استمع لهذه الكلمات و / أو الجمل واقرأها في نفس الوقت. بعد ذلك رددها. تمرن بعد ذلك مع آخرين في الدورة التعليمية. على الجانب الأيمن تجد تمارين أخرى. الرمز ❖ معناه أنه يجب عليك هنا الإجابة من منظورك الشخصي. نصيحتنا: باستخدام التطبيق المجاني EHDJ يمكنك الاستماع إلى أهم الكلمات والجمل. نتمنى لك متعة جيدة!

خوش آمدی! این کتاب امکان مناسبی برای برداشتن نخستین گام در زبان آلمانی در اختیار تو قرار میدهد. هر درس از دوصفحه مقابل هم تشکیل شده است. ابتدا معلم تو کلمات یا جملاتی را میخواند. به این کلمات و جمله ها گوش بده و خودت هم متن را بخوان. سپس آنچه را که شنیده ای، تکرار نموده و پس از آن متن را با همکلاسیهای خود تمرین کن. در طرف راست تمرینهای بیشتری وجود دارند. علامت ❖ نشان دهنده این است که تو در اینجا باید از جانب خودت به پرسشها پاسخ دهی. توصیه ما: به کمک اپلیکیشن رایگان EHDJ میتونی مهمترین کلمات و جملات را گوش کنی. امیدواریم از این تمرین لذت ببری!

Liebe Kursleiterin, lieber Kursleiter,
Erste Hilfe Deutsch ermöglicht Ihren Lernenden einen praxisorientierten und kommunikativen Einstieg in die deutsche Sprache. Lesen Sie zunächst die *Wichtigen Wörter* in kleinen Blöcken vor, die Lernenden hören nur zu und lesen mit. Beim zweiten Durchgang sollten die Lernenden nachsprechen. Achten Sie von Anfang an darauf, dass die Aussprache der Lernenden gut und verständlich ist. Lassen Sie daher für diese Phase ausreichend Zeit. Gehen Sie dann zu den *Wichtigen Sätzen* und verfahren Sie entsprechend. Am Ende dieses Abschnittes sollen die Lernenden dann selbstständig kleine Dialoge üben. Die *Übungen* können Sie im Kurs bearbeiten oder als Hausaufgabe aufgeben.

Viel Spaß beim Unterrichten!

01 Begrüßung

Wichtige Wörter

1 **Dein/e Lehrer/in liest vor. Lies mit. Sprich nach.**

Hallo! Guten Morgen! Guten Tag! Guten Abend!

Tschüs! Auf Wiedersehen! Gute Nacht!

Herr

Frau

Wichtige Sätze

2 **Dein/e Lehrer/in liest vor. Lies mit. Sprich nach.**

- Hallo, Aida.
- Hallo, Harun.
- Guten Tag, Frau Hansen.
- Guten Tag, Herr Dawud.

- Tschüs, Aida.
- Tschüs, Harun.
- Auf Wiedersehen, Herr Müller.
- Tschüs, Aida.

3 **Schreib die Wörter aus 1.**

Hallo!

4 **Sprecht im Kurs.**

Guten Morgen!
Tschüs!

Übungen

5 **Ordne zu.**

Auf	Tag
Gute	Nacht
Guten	Abend
	Morgen
	Wiedersehen

6 **Kreuze an.**

- ☒ Guten Tag!
- ○ Hallo!

- ○ Guten Morgen!
- ○ Hallo!

- ○ Auf Wiedersehen!
- ○ Tschüs!

- ○ Hallo!
- ○ Guten Tag!

- ○ Hallo!
- ○ Guten Tag!

- ○ Guten Morgen!
- ○ Gute Nacht!

- ○ Hallo!
- ○ Guten Abend!

02 Vorstellung

Wichtige Wörter

1 **Dein/e Lehrer/in liest vor. Lies mit. Sprich nach.**

Wichtige Sätze

2 **Dein/e Lehrer/in liest vor. Lies mit. Sprich nach.**

- ■ Ich heiße Alim. Und du?
- ● Ich heiße Maria.

- ▲ Ich heiße Zarif Osman. Und wie heißen Sie?
- ◆ Ich heiße Birgit Meier.

- ◆ Wie heißt du?
- ● Damaris. Und wie heißen Sie?
- ◆ Ich heiße Birgit Meier.

!

	heißen
ich	heiße
du	heißt
er / sie / es	heißt
wir	heißen
ihr	heißt
sie / Sie	heißen

3 **Schreib deinen Namen.**

❖ Ich heiße ____________________

4 **Sprecht im Kurs.**

Wie heißt du?
Wie heißen Sie?

Ich heiße …

Übungen

5 Schreib die Wörter.

i c h

_ u

e _ / s _ _ / _ s

w _ _

i _ _

s _ _ / _ _ _

6 Ordne zu.

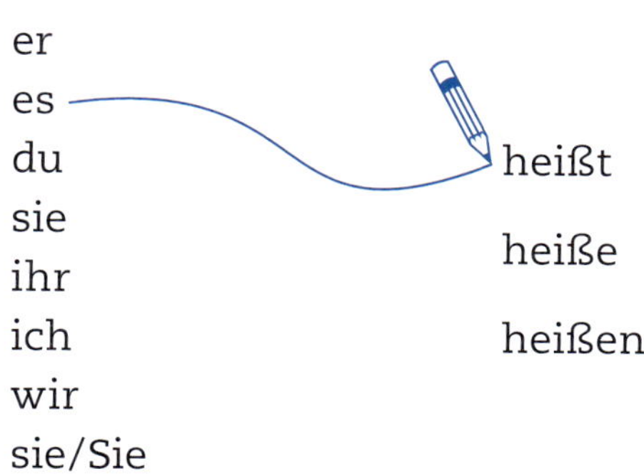

er
es
du
sie
ihr
ich
wir
sie/Sie

heißt
heiße
heißen

7 Schreib den Buchstaben.

8 Kreuze an.

a Wie heißt ihr?
- ◯ Sie heißt Eva.
- ☒ Maria und Eva.

b Wie heißen Sie?
- ◯ Meier.
- ◯ Maria und Eva.

c Wie heißt er?
- ◯ Maria.
- ◯ Markus.

d Wie heißt du?
- ◯ Und ihr?
- ◯ Irina Petrowa.

e Wie heißt sie?
- ◯ Irina Petrowa.
- ◯ Ich heiße Irina Petrowa.

f Ich heiße Maria. Und du?
- ◯ Markus.
- ◯ Sie heißt Maria.

9 Schreib die Wörter.

■ Wie heißt ____ ? / ____ ____ Sie ?

❖ ____________________

03 Herkunft und Wohnort

Wichtige Wörter

1 **Dein/e Lehrer/in liest vor. Lies mit. Sprich nach.**

Deutschland

Österreich

die Schweiz

Syrien

Ghana

Libyen

Afghanistan

Eritrea

(der) Irak

(der) Senegal

Pakistan

Nigeria

Wichtige Sätze

2 **Dein/e Lehrer/in liest vor. Lies mit. Sprich nach.**

- ■ Woher kommst du?
- ● Ich komme aus Eritrea. Und du?
- ■ Aus Ghana.

- ▲ Woher kommen Sie?
- ◆ Ich komme aus Syrien. Und Sie?
- ▲ Aus Deutschland.

⚠ Ich komme aus (dem) Irak / (dem) Senegal / der Schweiz.

!

	kommen
ich	komme
du	kommst
er / sie / es	kommt
wir	kommen
ihr	kommt
sie / Sie	kommen

3 **Dein/e Lehrer/in liest vor. Lies mit. Sprich nach.**

- ■ Wo wohnst du?
- ● Ich wohne in München. Und du?
- ■ In Augsburg.

- ▲ Wo wohnst du?
- ■ In Köln. Und wo wohnen Sie?
- ▲ Ich wohne in Bonn.

⚠ Ich wohne in der Schweiz.

4 **Schreib Herkunft und Wohnort auf.**

■ Woher kommst du?
❖ Ich komme aus ______

■ Wo wohnst du?
❖ Ich wohne in ______

5 **Sprecht im Kurs.**

Woher kommst du? / Woher kommen Sie?
Wo wohnst du? / Wo wohnen Sie?

Ich wohne in Berlin.

Übungen

6 **Schreib die Länder.**

Deut______ Öste______ Sch______

7 **Ordne zu.**

Woher	Sie?
Ich wohne	du?
Ich komme	in Berlin.
Wo wohnst	kommst du?
Woher kommen	aus Damaskus.

8 **Kreuze an.**

a Wo wohnst du?
☒ In Berlin.
○ Aus Eritrea.

b Woher kommst du?
○ Aus dem Irak.
○ In Afghanistan.

c Wo wohnst du?
○ Aus dem Irak.
○ In Frankfurt.

9 **Schreib die Wörter.**

■ Woher ______ du? / Woher kommen Sie?
❖ ______
■ Wo ______ du? / ______ ______ Sie?
❖ ______

04 Befinden

Wichtige Wörter

1 **Dein/e Lehrer/in liest vor. Lies mit. Sprich nach.**

sehr gut

gut

es geht so

nicht so gut

Wichtige Sätze

2 **Dein/e Lehrer/in liest vor. Lies mit. Sprich nach.**

- ◆ Wie geht es dir?
- ■ Danke gut. Und Ihnen?
- ◆ Auch gut, danke.

- ▲ Wie geht es Ihnen?
- ◆ Gut, danke. Und Ihnen?
- ▲ Nicht so gut.
- ◆ Oh, das tut mir leid.

3 **Schreib die Wörter.**

Wie geht es?

__ __ __ __ __ __ __ __ __ __ __ __

 __ __ __

 __ __ __ __ __ __ __ __ __ __ __ __ __

__ __ __ __ __ __ __ __ __ __

4 **Zeichne vier Kärtchen.**

5 **Nehmt die Kärtchen und sprecht im Kurs.**

Wie geht es dir? / Wie geht es Ihnen?

Übungen

6 **Schreib die Wörter.**

Wie geht es dir?

Gut. | ___ ___ | ___ ___ ___ | ___ ___ ___

7 **Kreuze an.**

a Wie geht es dir?
☒ Danke, gut.
○ Und wie geht es dir?

b Wie geht es Ihnen?
○ Sehr gut, danke.
○ Auch gut, danke.

c Und dir?
○ Nicht so gut.
○ Wie geht es dir?

d Und wie geht es dir?
○ Oh, das tut mir leid.
○ Auch gut, danke.

e Nicht so gut.
○ Auch gut, danke.
○ Das tut mir leid.

f Und Ihnen?
○ Und dir?
○ Es geht so.

8 **Schreib die Wörter.**

■ Wie geht ___ dir?
❖ ___
■ Gut, ___.
◆ ___ ___ es dir / Ihnen?
❖ ___
◆ Danke, gut.

05 Zahlen 0–20

Wichtige Wörter

1 Dein/e Lehrer/in liest vor. Lies mit. Sprich nach.

0 null	10 zehn	
1 eins	11 elf	
2 zwei	12 zwölf	
3 drei	13 dreizehn	
4 vier	14 vierzehn	
5 fünf	15 fünfzehn	
6 sechs	16 sechzehn	
7 sieben	17 siebzehn	
8 acht	18 achtzehn	+ plus
9 neun	19 neunzehn	– minus
	20 zwanzig	= ist

!
13
dreizehn

Wichtige Sätze

2 Dein/e Lehrer/in liest vor. Lies mit. Sprich nach.

- Wie alt bist du?
- Ich bin 14. Und du?
- Ich bin 15.

!

sein			
ich	bin	wir	sind
du	bist	ihr	seid
er / sie / es	ist	sie / Sie	sind

3 Kettenübung: Sprecht im Kurs.

- Ich bin 15. Und wie alt bist du?
  - Ahmed ist 15, ich bin 14. Und wie alt bist du?
    - Ahmed ist 15, Maria ist 14 und ich bin …

4 Dein/e Lehrer/in liest vor. Lies mit. Sprich nach.

- Wie viel ist zehn plus zwei?
- Zwölf.
- Ja, richtig!

- Wie viel ist zehn minus zwei?
- Sieben.
- Nein, leider nicht richtig.

5 **Schreib zwei Kärtchen.**

Wie viel ist achtzehn minus fünf?

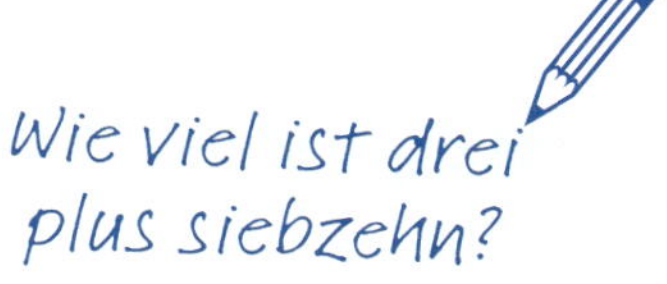

6 **Nehmt die Kärtchen und sprecht im Kurs.**

Wie viel ist achtzehn minus fünf?
Wie viel ist drei plus siebzehn?

Übungen

7 **Ordne zu.**

elf	6
null	5
fünf	0
drei	11
zwei	12
zwölf	3
sechs	2
sieben	7
zwanzig	14
vierzehn	17
siebzehn	16
sechzehn	20

8 **Mathematik! Schreib die Zahlen.**

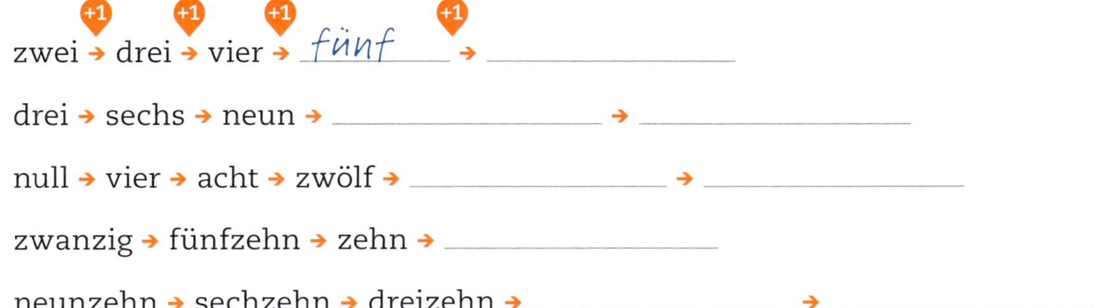

zwei → drei → vier → fünf → ______
(+1 +1 +1 +1)

drei → sechs → neun → ______ → ______

null → vier → acht → zwölf → ______ → ______

zwanzig → fünfzehn → zehn → ______

neunzehn → sechzehn → dreizehn → ______ → ______

06 Zahlen 20–1.000

Wichtige Wörter

1 **Dein/e Lehrer/in liest vor. Lies mit. Sprich nach.**

20 zwanzig
21 einundzwanzig
22 zweiundzwanzig
23 dreiundzwanzig
24 vierundzwanzig
25 fünfundzwanzig
26 sechsundzwanzig
27 siebenundzwanzig
28 achtundzwanzig
29 neunundzwanzig

30 dreißig
40 vierzig
50 fünfzig
60 sechzig
70 siebzig
80 achtzig
90 neunzig
100 (ein)hundert
200 zweihundert
1.000 (ein)tausend

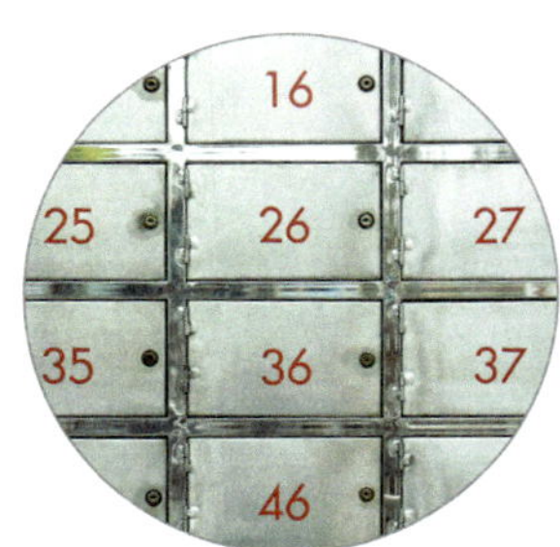

Wichtige Sätze

2 **Dein/e Lehrer/in liest vor. Lies mit. Sprich nach.**

■ Wie ist deine Telefonnummer?
● 0171 55 94 83 21.
■ Entschuldigung, wie bitte?
● 0171 55 94 83 21.
■ Danke.

▲ Wie ist Ihre Telefonnummer?
◆ 0162 23 09 58 71.
▲ Entschuldigung, wie bitte?
◆ 0162 23 09 58 71.
▲ Danke.

⚠ eins + zwanzig = ein<u>un</u>dzwanzig

3 **Schreib ein Kärtchen.**

0171 55 94 8

4 **Nehmt die Kärtchen und sprecht im Kurs.**

Wie ist deine Telefonnummer?
Wie ist Ihre Telefonnummer?

Null-eins-sieben-eins, fünfundfünfzig, ...

Übungen

5 **Ordne zu.**

hundertdrei	103
dreihundert	43
dreiundvierzig	300
vierunddreißig	75
fünfundsiebzig	57
siebenundfünfzig	68
zweiundfünfzig	25
achtundsechzig	34
fünfundzwanzig	52
sechsundachtzig	86

6 **Zeichne eine Linie.**

~~zweiundvierzig~~ → ~~dreiundvierzig~~ → ~~vierunddreißig~~ → vierundvierzig → vierundfünfzig → vierundsechzig → fünfundsechzig → sechsundsechzig → sechsundfünfzig → sechsundvierzig → sechsunddreißig → siebenundvierzig → achtundvierzig → siebenunddreißig → sechsundzwanzig → fünfundzwanzig → vierundzwanzig → dreiunddreißig → zweiundvierzig

21	22	23	24	25	26	27	28	29	30
31	32	33	34	35	36	37	38	39	40
41	42	43	44	45	46	47	48	49	50
51	52	53	54	55	56	57	58	59	60
61	62	63	64	65	66	67	68	69	70

7 **Schreib die Wörter.**

- ■ Wie ist deine ______
- ❖ ______
- ❖ Herr Müller, ______
- ◆ 0162 23 09 58 71.

07 In der Schule

Wichtige Wörter

1 **Dein/e Lehrer/in liest vor. Lies mit. Sprich nach.**

das Sekretariat

das Rektorat

die Turn-/Sporthalle

die Schwimmhalle

das WC /
die Toilette

das Lehrerzimmer

die Mensa

der Computerraum

die Bibliothek

der Hausmeister

Wichtige Sätze

2 **Dein/e Lehrer/in liest vor. Lies mit. Sprich nach.**

- Entschuldigung, wo ist die Mensa?
- Im Keller, Zimmer U03.
- Danke!

- Entschuldigung, wo ist die Bibliothek?
- Im dritten Stock, Zimmer 313.
- Danke!

3 **Schreib zwei Kärtchen.**

der Hausmeister

Keller, Zimmer U07

4 **Nehmt die Kärtchen und sprecht im Kurs.**

Entschuldigung, wo ist der Hausmeister?
Im Keller, Zimmer U07.

Übungen

5 **Schreib die Wörter aus 1.**

d _ e T u r n _ _ _ _ _

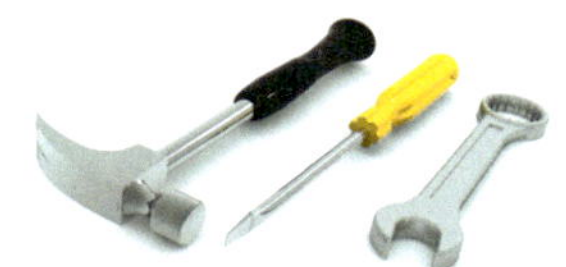

_ _ _ _ _ _ _ _ _ _ _ _ _ _ _

_ _

_ _ _ _ _ _ _ _ _ _ _ _ _ _ _ _ _ _ _

_ _

_ _ _ _ _ _ _ _ _ _

Lösung: d _ _ L _ h _ _ _ z _ _ _ _ r

6 **Ordne zu.**

im	WC
die	Stock
der	Toilette
das	Erdgeschoss
im dritten	Computerraum

7 **Schreib die Wörter.**

❖ ____________________, wo ist die Mensa?
◆ Im zweiten Stock, Zimmer 207.
❖ ____________!

08 Uhrzeit

Wichtige Wörter

1 Dein/e Lehrer/in liest vor. Lies mit. Sprich nach.

Wie spät ist es?

Wie viel Uhr ist es?

Es ist zehn vor neun.

Es ist Viertel vor neun.

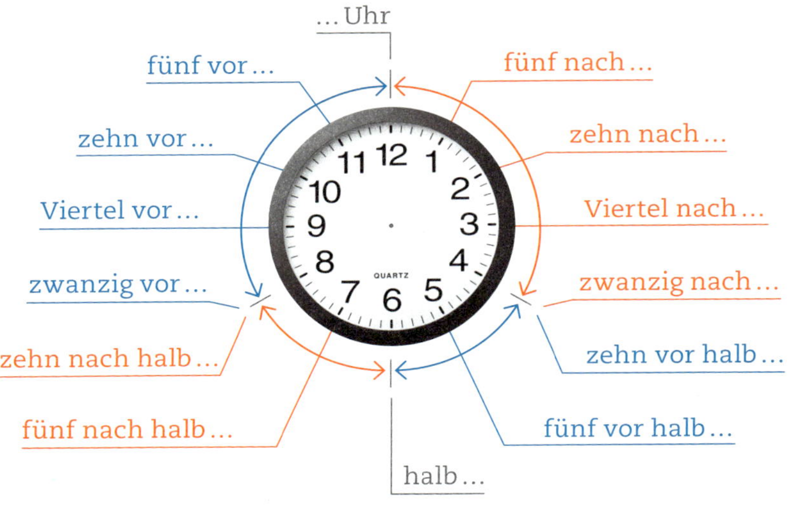

Es ist acht Uhr.

Es ist Viertel nach acht.

Es ist halb neun.

Zwanzig vor zwei.

Es ist fünf vor halb neun.

Wichtige Sätze

2 Dein/e Lehrer/in liest vor. Lies mit. Sprich nach.

- ■ Wie spät ist es?
- ● Es ist halb drei.
- ■ Danke sehr.

- ▲ Entschuldigung, wie viel Uhr ist es?
- ◆ Viertel nach vier.
- ▲ Vielen Dank.

3 Zeichne ein Kärtchen.

4 **Nehmt die Kärtchen und sprecht im Kurs.**

Wie viel Uhr ist es? / Wie spät ist es?

Übungen

5 **Schreib die Wörter.**

W i e s p _ t _ _ _ _ _ _ ? / W _ _ v _ _ _ _ _ _ _ _ _ _ _ _ ?

6 **Schreib die Uhrzeit.**

 Es ist

7 **Schreib die Uhrzeit.**

- Wie spät ist es?
- Es ist Viertel vor acht.

- Wie spät ist es?
- Es ist zwanzig nach neun.

- Wie viel Uhr ist es?
- Es ist fünf nach halb vier.

09 Wochentage und Monate

Wichtige Wörter

1 **Dein/e Lehrer/in liest vor. Lies mit. Sprich nach.**

Januar	Juli
Februar	August
März	September
April	Oktober
Mai	November
Juni	Dezember

1. = der erste	10. = der zehnte
2. = der zweite	11. = der elfte
3. = der dritte	12. = der zwölfte
4. = der vierte	…
…	20. = der zwanzigste
7. = der siebte	21. = der einundzwanzigste

Wichtige Sätze

2 **Dein/e Lehrer/in liest vor. Lies mit. Sprich nach.**

- ■ Welcher Tag ist heute?
- ● Heute ist Montag, der erste Februar.
- ■ Danke.

- ▲ Welcher Tag ist morgen?
- ◆ Morgen ist Dienstag, der 2.2.
- ▲ Danke.

3 **Kettenübung: Sprecht im Kurs.**

- ■ Welcher Tag ist heute?
  - ● Heute ist Montag, der 1.2. Und welcher Tag ist morgen?
    - ❖ Morgen ist Dienstag, der 2.2. Und welcher Tag ist übermorgen?

4 **Dein/e Lehrer/in liest vor. Lies mit. Sprich nach.**

- ■ Wann hast du Geburtstag?
- ● Am zwölften August. Und du?
- ■ Am dreißigsten Januar.

- ▲ Wann haben Sie Geburtstag?
- ◆ Am zweiten Februar.

5 **Sprecht im Kurs.**

Wann hast du Geburtstag? / Wann haben Sie Geburtstag?

Übungen

6 **Schreib die Tage.**

M *I T T* _ _ _ _
D _ _ _ _ _ _ _ _ _
D _ _ _ _ _ _ _
F _ _ _ _ _ _
S _ *M* _ _ _ _
S _ _ _ _ _ _

7 **Schreib das Datum.**

Mo, 2.12. = *Montag, der zweite Dezember*
Mi, 6.10. = ______
Do, 31.1. = ______
So, 3.3. = ______
Di, 1.7. = ______
Fr, 8.9. = ______
Sa, 11.6. = ______

8 **Ordne zu.**

Welcher	heute?
Wann hast	ist morgen?
Wann haben	du Geburtstag?
Welcher Tag	Sie Geburtstag?
Welcher Tag ist	Tag ist übermorgen?

9 **Schreib die Wörter.**

- ■ *Welcher* ______ *ist* heute?
- ❖ ______
- ■ ______ *hast* du Geburtstag? / Wann *haben* ______ Geburtstag?
- ❖ ______

10 Stundenplan und Fächer

Wichtige Wörter

1 Dein/e Lehrer/in liest vor. Lies mit. Sprich nach.

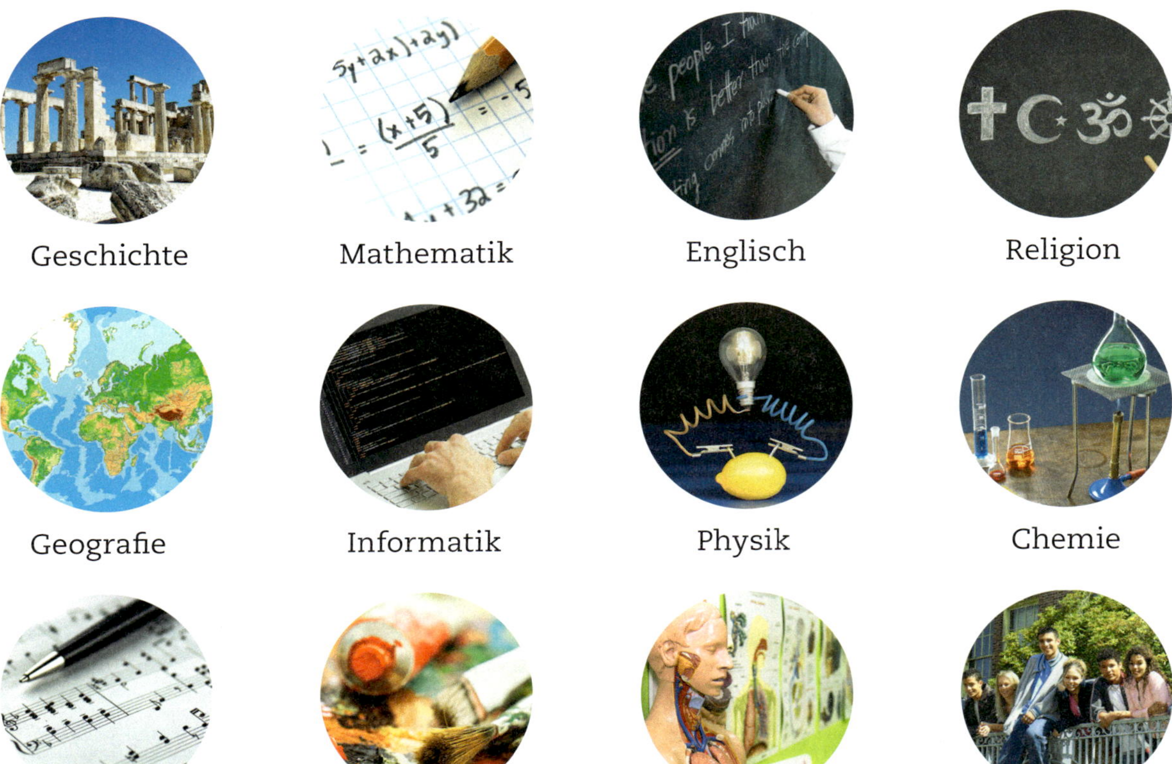

Geschichte · Mathematik · Englisch · Religion

Geografie · Informatik · Physik · Chemie

Musik · Kunst · Biologie · Freistunde

	Montag	Dienstag	Mittwoch	Donnerstag	Freitag
1. erste Stunde	Deutsch	Englisch	Kunst	Geschichte	Religion
2. zweite Stunde		Physik		Geografie	Chemie
kleine Pause					
3. dritte Stunde	Mathematik	Freistunde ☺	Geschichte	Englisch	Musik
4. vierte Stunde	Englisch	Deutsch	Biologie		Deutsch
kleine Pause					
5. fünfte Stunde	Religion	Musik	Mathematik	Freistunde ☺	Mathematik
6. sechste Stunde	Geografie	Biologie		Informatik	Physik
große Pause					
7. siebte Stunde	Informatik		Sport		
8. achte Stunde					

Wichtige Sätze

2 **Dein/e Lehrer/in liest vor. Lies mit. Sprich nach.**

- Wann haben wir Chemie?
- Am Freitag in der zweiten Stunde.
- Danke!

> **!** erste Stunde → in der ersten Stunde

- Wann haben wir Deutsch?
- Am Montag in der ersten und der zweiten Stunde, am Dienstag in der vierten Stunde und am Freitag in der vierten Stunde.
- Danke!

3 **Sprecht im Kurs.**

Wann haben wir Religion?

Übungen

4 **Schreib die Wörter aus 1.**

1. Am Montag in der sechsten Stunde.
2. Am Donnerstag in der sechsten Stunde.
3. Am Freitag in der zweiten Stunde.
4. Am Mittwoch in der dritten Stunde.
5. Am Freitag in der sechsten Stunde.
6. Am Mittwoch in der ersten Stunde.
7. Am Dienstag in der fünften Stunde.
8. Am Montag in der fünften Stunde.
9. Am Freitag in der vierten Stunde.
10. Am Montag in der dritten Stunde.

11 Im Klassenzimmer

Wichtige Wörter

1 **Dein/e Lehrer/in liest vor. Lies mit. Sprich nach.**

die Tafel — das Fenster — die Tür — der Tisch

der Stuhl — das Klassenbuch — der Schwamm — der Papierkorb

das Whiteboard — der Stift — das Tablet — der Computer

Wichtige Sätze

2 **Dein/e Lehrer/in liest vor. Lies mit. Sprich nach.**

- ■ Wie heißt das auf Deutsch?
- ● Der Tisch.
- ■ Nein, leider nicht.
- ● Der Stuhl.
- ■ Richtig.

!

der Tisch
die Tür
das Fenster

3 **Zeichne fünf Kärtchen.**

4 **Nehmt die Kärtchen und sprecht im Kurs.**

Wie heißt das auf Deutsch?

Übungen

5 **Schreib die Buchstaben.**

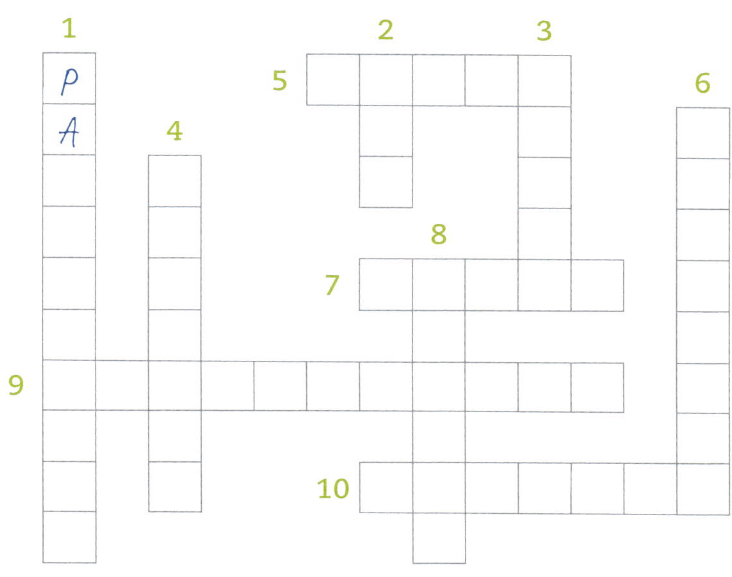

6 **Sortiere die Wörter aus 1.**

❖ der	die	das
___	___	___
___	___	___
___		___
___		___
___		
___		

12 Schulsachen

Wichtige Wörter

1 **Dein/e Lehrer/in liest vor. Lies mit. Sprich nach.**

der Füller — die Schere — das Lineal — der Bleistift

der Kugelschreiber — der Radiergummi — das Buch — das Heft

die Schultasche — der Rucksack — der Spitzer — der Taschenrechner

Wichtige Sätze

2 **Dein/e Lehrer/in liest vor. Lies mit. Sprich nach.**

- ■ Gibst du mir bitte das Lineal?
- ● Hier, bitte.
- ■ Danke.

- ● Gibst du mir bitte den Füller?
- ■ Hier, bitte.
- ● Danke.

!

Gibst du mir bitte ...?

der Füller → den Füller
die Schere → die Schere
das Lineal → das Lineal

3 **Zeichne fünf Kärtchen.**

4 **Nehmt die Kärtchen und sprecht im Kurs.**

Gibst du mir bitte das Buch?

Übungen

5 **Finde und sortiere die Wörter.**

kugelschreiber|schultaschelinealbuchscherebleistifttaschenrechnerheft radiergummirucksackfüllerspitzer

der: *Kugelschreiber,* ______________________

____

die: ______________________

das: ______________________

6 **Schreib die Wörter.**

- ■ *Gibst* ____ *mir* ____ ____ *Bleistift?*
- ● *Hier*, ____.
- ■ ____.
- ● ____ ____ ____ ____ ____ *Schere?*
- ■ ____, ____.
- ● ____.
- ❖ ______________________
- ● ____, ____.
- ❖ ______________________
- ❖ ______________________
- ● ____, ____.
- ❖ ______________________

13 In der Klasse

Wichtige Wörter

1 **Dein/e Lehrer/in liest vor. Lies mit. Sprich nach.**

Setz dich bitte hin.

Steh bitte auf.

Komm bitte an die Tafel.

Mach bitte das Fenster auf.

Mach bitte die Tür zu.

Wirf das bitte in den Papierkorb.

Mach bitte das Licht an.

Schlag bitte das Buch auf.

Wisch bitte die Tafel ab.

Wichtige Sätze

2 **Dein/e Lehrer/in liest vor. Lies mit. Sprich nach.**

▲ Khaled, komm bitte an die Tafel.
■ Okay.

◆ Samira, mach bitte das Fenster auf.
● Okay.

3 **Schreib zwei Kärtchen.**

Mach bitte das Licht an.

4 **Nimm ein Kärtchen, sprich eine Person an und lies vor.**

Übungen

5 **Schreib die Wörter.**

6 **Ordne zu.**

	auf.
Steh bitte	hin.
Mach bitte	die Tür zu.
Wisch bitte	die Tafel ab.
Komm bitte	an die Tafel.
Wirf das bitte	das Licht an.
Setz dich bitte	das Licht aus.
	das Fenster auf.
	in den Papierkorb.

7 **Schreib die Wörter.**

- ◆ Khaled, ________ bitte an ______ Tafel. Wisch ________ die Tafel ______.
- ■ Okay.
- ◆ Samira, ________ bitte ______ ________ aus. ________ bitte ______ ______ zu.
- ● Okay.
- ◆ Mach ________ ______ ____________ auf.
- ❖ ________

14 Lebensmittel

Wichtige Wörter

1 **Dein/e Lehrer/in liest vor. Lies mit. Sprich nach.**

Wichtige Sätze

2 **Dein/e Lehrer/in liest vor. Lies mit. Sprich nach.**

- Was trinkst du gern?
- Ich trinke gern Limo. Und du?
- Ich trinke gern Saft.
- Ich trinke keinen Kaffee.

- Was isst du gern?
- Ich esse gern Reis. Und du?
- Ich esse gern Kartoffeln.
- Ich esse kein Schweinefleisch.

3 **Schreib zwei Kärtchen.**

!

	essen	**trinken**
ich	esse	trinke
du	isst	trinkst
Sie	essen	trinken

4 Nehmt die Kärtchen und sprecht im Kurs.

Was isst du / essen Sie gern?
Was trinkst du / trinken Sie gern?

Übungen

5 Schreib die Wörter.

a T e e b Sa __ __ c K __ __ __ __ __ d L __ __ o

e Mi __ __ __ f M __ n __ r __ lw __ __ __ __ r

6 Schreib die Wörter.

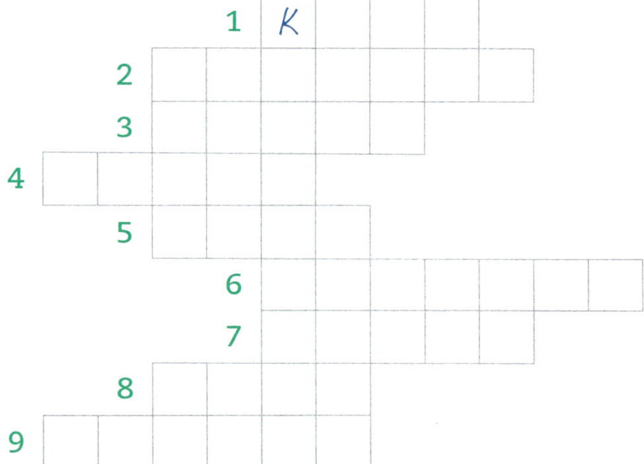

 1
 2
 3
 4
 5
 6
 7
 8
 9
 10

7 Schreib die Wörter.

■ Ich t ______ gern Saft. Und was t ______ du gern?

❖ ______________________________

◆ Ich e ______ gern Fisch. Und was i ______ du gern?

❖ ______________________________

15 Familie und Freunde

Wichtige Wörter

1 **Dein/e Lehrer/in liest vor. Lies mit. Sprich nach.**

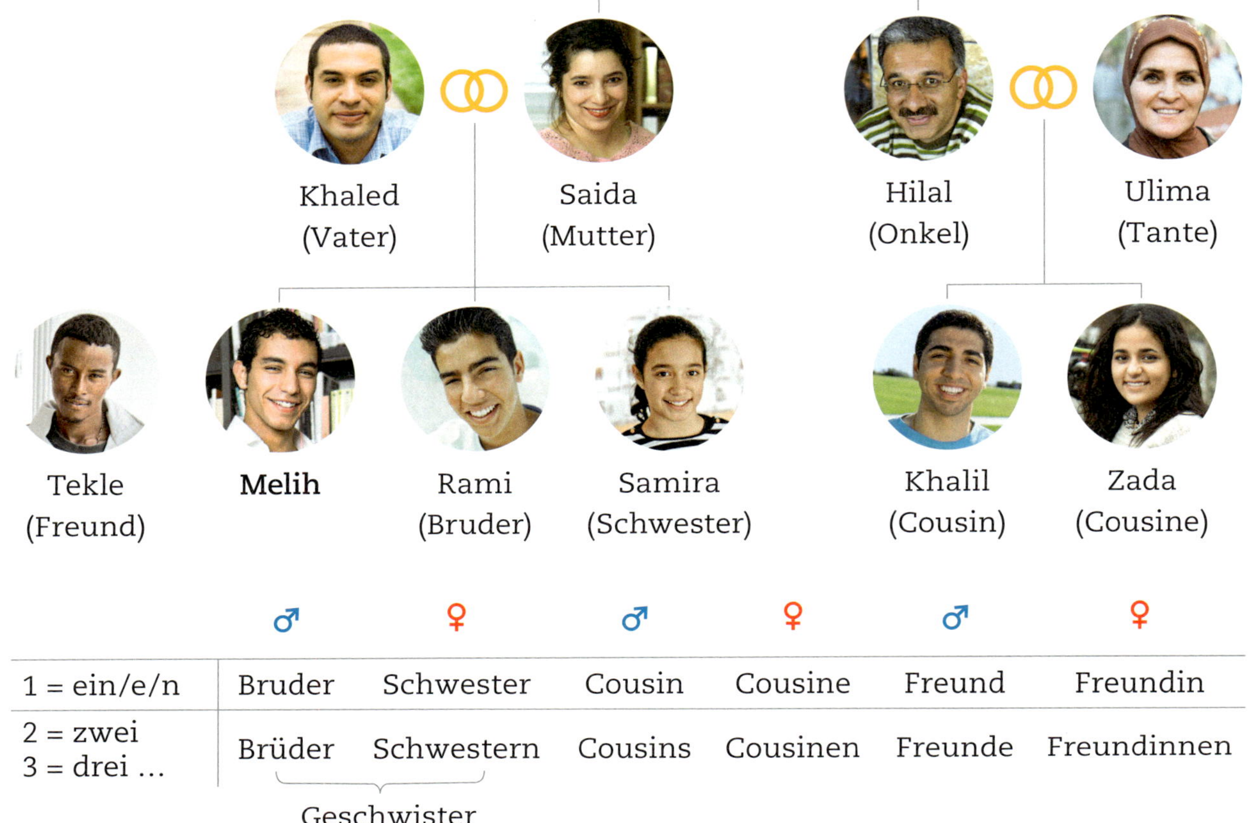

	♂	♀	♂	♀	♂	♀
1 = ein/e/n	Bruder	Schwester	Cousin	Cousine	Freund	Freundin
2 = zwei 3 = drei …	Brüder	Schwestern	Cousins	Cousinen	Freunde	Freundinnen

Brüder, Schwestern = Geschwister

Wichtige Sätze

2 **Dein/e Lehrer/in liest vor. Lies mit. Sprich nach.**

- Hast du Geschwister?
- ✔ Ja. Ich habe einen Bruder und eine Schwester.
  ✘ Nein. Ich habe keine Geschwister.

- Hast du Cousins?
- ✔ Ja. Ich habe einen Cousin und eine Cousine.
  ✘ Nein. Ich habe keine Cousins.

- Hast du Freunde hier / auf facebook?
- ✔ Ja. Ich habe einen Freund / zwei Freunde hier / auf facebook.
  ✘ Nein. Ich habe keine Freunde hier / auf facebook.

!

Ich habe Geschwister.
Hast du Geschwister?
→ ✔ Ja. / ✘ Nein.

!

	haben
ich	habe
du	hast
er / sie / es	hat

3 Sprecht im Kurs.

Hast du Freunde hier?

Übungen

4 Schreib die Wörter.

♂ 1: Cou___, F_eu__, B____er, O____

♀ 1: F_eu_____, S__w______, C__sin_, T__te

♂ 2, 3: F________, B_______, C________, O__el

♀ 2, 3: S__wes_____, _ou______, F_eun_______, T__ten

5 Ordne zu.

Hast	du Cousins?
Nein.	Geschwister?
Ja. Ich	auf facebook?
Hast du	einen Freund hier.
Nein. Ich	habe einen Bruder.
Ja. Ich habe	habe keine Geschwister.
Hast du Freunde	Ich habe keine Cousinen.

6 Schreib die Wörter.

Ich bin Samira. Ich habe _____ _______: Melih und Rami. Melih hat einen Freund hier: Tekle. Und ich habe eine _______: Zada, und _____ _______: Khalil.

Ich bin Zada. Ich habe _____ _______: Khalil. Ich _____ zwei _______: Melih und Rami. Melih _____ _____ Freund hier: Tekle. Und ___ habe _____ Cousine: Samira.

16 Aktivitäten

Wichtige Wörter

1 **Dein/e Lehrer/in liest vor. Lies mit. Sprich nach.**

ich dusche

ich frühstücke

ich lerne Deutsch

ich fahre Rad

ich lese

ich sehe fern

ich telefoniere

ich höre Musik

ich spiele Fußball

ich bin in der Schule

ich schreibe an meine Freunde

ich spiele Basketball

Morgen

Vormittag

Mittag

Nachmittag

Abend

Wichtige Sätze

2 **Dein/e Lehrer/in liest vor. Lies mit. Sprich nach.**

- Was machst du morgen Abend?
- Ich sehe fern.

- Was machst du morgen Vormittag?
- Ich bin in der Schule.

3 Sprecht im Kurs.

Was machst du morgen früh?

!

morgen ~~Morgen~~
→ morgen früh

Übungen

4 Schreib die Wörter.

ich d______ ich _____ ich t_____________

5 Ordne zu.

ich bin	fern
ich höre	Rad
ich sehe	Musik
ich lerne	Deutsch
ich fahre	Basketball
ich spiele	in der Schule
ich schreibe	an meine Freunde

6 Ordne zu.

19:00

Mittag Vormittag Morgen Abend Nachmittag

7 Schreib die Wörter.

■ Was machst du morgen Vormittag?
❖ ____________________

● Was machst du morgen Abend?
❖ ____________________

17 Körper

Wichtige Wörter

1 **Dein/e Lehrer/in liest vor. Lies mit. Sprich nach.**

das Haar / die Haare
das Auge / die Augen
das Ohr / die Ohren
die Nase
der Zahn / die Zähne
der Mund

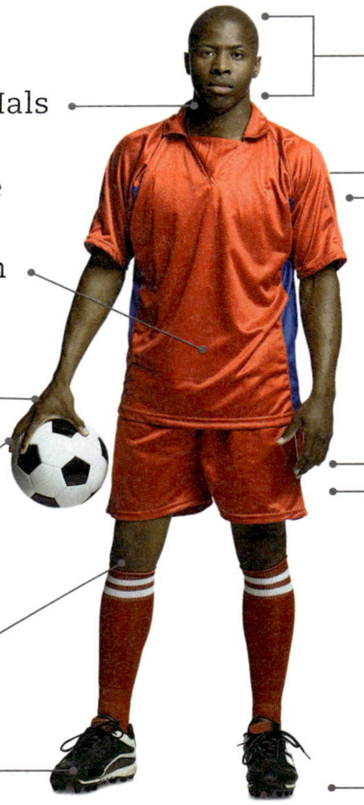

der Kopf
der Hals
der Rücken
der Bauch
der Arm / die Arme
die Hand / die Hände
der Finger / die Finger
das Knie / die Knie
das Bein / die Beine
der Fuß / die Füße

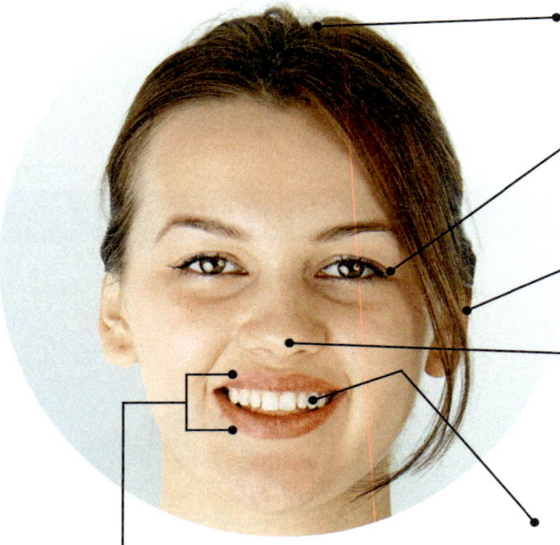

Wichtige Sätze

2 **Dein/e Lehrer/in liest vor. Lies mit. Sprich nach.**

- Was ist das?
- Die Nase.
- Richtig.

3 **Zeigt und sprecht im Kurs.**

Was ist das?

4 Dein/e Lehrer/in liest vor. Lies mit. Sprich nach.

- Was fehlt dir?
- Mein Kopf tut weh.
- Oh je! Gute Besserung!

- Was fehlt Ihnen?
- Meine Beine tun weh.
- Oh je! Gute Besserung!

- Ich will nach Hause gehen.
- Okay.

5 Schreib drei Kärtchen.

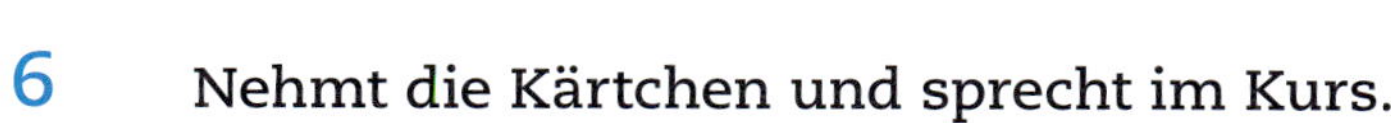

!

der Kopf → Mein Kopf tut weh.
die Hand → Meine Hand tut weh.
das Auge → Mein Auge tut weh.

die Hände → Meine Hände tun weh.

6 Nehmt die Kärtchen und sprecht im Kurs.

Was fehlt dir? / Was fehlt Ihnen?

Übungen

7 Schreib die Wörter.

Wie viele? 1: K o p f, N___, H___, M___, B____, R_____

Wie viele? 2: A____, O____, A___, H____,

B____, K___, F___

Wie viele? 10: ______

Wie viele? 32: _____

8 Was fehlt dir? Schreib die Wörter.

Mein Bauch tut weh.

Mein ______ ______ ______

______ ______ ______ ______

18 Beim Arzt

Wichtige Wörter

1 **Dein/e Lehrer/in liest vor. Lies mit. Sprich nach.**

Husten | Schnupfen | Fieber | Schmerzen

Tablette(n) | Tropfen | Hustensaft | Salbe

Wichtige Sätze

2 **Dein/e Lehrer/in liest vor. Lies mit. Sprich nach.**

- ▲ Was fehlt dir?
- ● Ich bin krank. Ich habe Husten.
- ▲ Hast du Fieber?
- ● Ja. / Nein.

- ▲ Was fehlt dir?
- ● Ich habe Schmerzen … hier.

- ▲ Nimm …

… eine (1) Tablette einmal (1 x) täglich.
… zwei (2) Löffel zweimal (2 x) täglich.
… zehn (10) Tropfen dreimal (3 x) täglich.

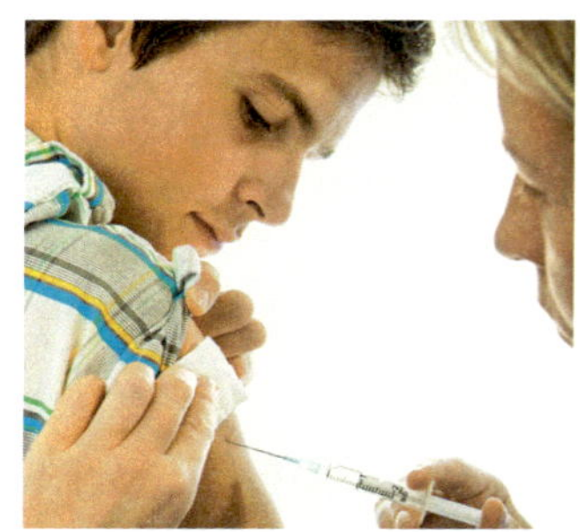

Ich gebe dir eine Spritze.

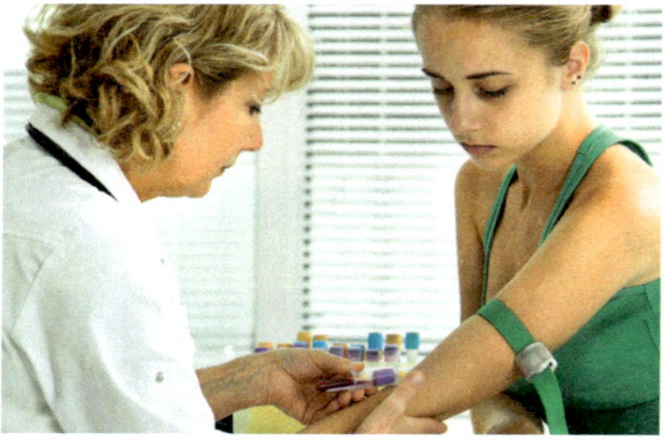

Ich nehme dir Blut ab.

3 Schreib vier Kärtchen.

4 Nehmt die Kärtchen und sprecht im Kurs.

Was fehlt dir? / Hast du Fieber?
Hast du Schmerzen?

Übungen

5 Schreib die Wörter.

6 Ordne zu.

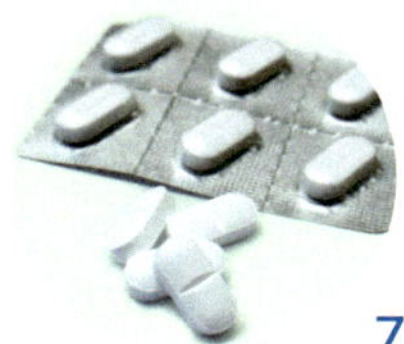

Ich bin	krank.
Hast	dir?
Ich habe	Fieber?
Was fehlt	du Schnupfen?
Nimm	1 Tablette täglich.
Hast du	Schmerzen … hier.

19 Einkaufen und Geld

Wichtige Wörter

1 **Dein/e Lehrer/in liest vor. Lies mit. Sprich nach.**

das Wasser

der Eistee

die Cola

der Döner

die SIM-Karte

die Chips

das Brötchen mit Käse

Was kostet …?

0,90 €

neunzig Cent

1,95 €

einen Euro fünfundneunzig

2,30 €

zwei Euro dreißig

Wichtige Sätze

2 **Dein/e Lehrer/in liest vor. Lies mit. Sprich nach.**

- Was kostet das Wasser?
- Einen Euro dreißig.

- Was kostet das Brötchen mit Käse?
- Zwei Euro fünfzig.

!

Was kostet der Tee?
die Cola?
das Wasser?

Was kosten die Chips?

3 **Sprecht im Kurs.**

Was kostet …?
Was kosten …?

4 **Dein/e Lehrer/in liest vor. Lies mit. Sprich nach.**

- Guten Tag. Ich hätte gern eine Cola.
- Sonst noch etwas?
- Nein danke, das ist alles.
- Das macht einen Euro siebzig.
- Hier, bitte.
- Danke. Auf Wiedersehen!
- Auf Wiedersehen!

!

Ich hätte gern ~~der~~ einen Eistee.
~~die~~ eine Cola.
~~das~~ ein Wasser.
~~die~~ Chips.

5 Sprecht im Kurs.

Guten Tag. Ich hätte gern …

Übungen

6 Schreib die Wörter.

a Eist*ee* b C_ _ _ c D_ _ _ _ d W_ _ _ _ _

e SIM-_ _ _ _ _ f C_ _ _ _

g _ _ _ _ _ _ _ _ mit _ _ _ _

7 Schreib die Wörter aus 6.

Was kostet der	Was kostet die	Was kostet das	Was kosten die
Eistee?			
		mit	

8 Schreib die Wörter.

Ich hätte gern *einen* Eistee.

Ich hätte gern ________ Brötchen mit Käse.

Ich hätte gern ________ Cola.

Ich hätte gern ________ Döner.

9 Schreib den Dialog.

❖ Guten Tag. Ich hätte gern ________

◆ Sonst noch etwas?

❖ Nein danke, ________

◆ Das macht ________

❖ ________

◆ Danke. Auf Wiedersehen!

❖ ________

20 Kleidung

Wichtige Wörter

1 Dein/e Lehrer/in liest vor. Lies mit. Sprich nach.

das Hemd, die Bluse, das T-Shirt, der Pullover
das Kleid, der Rock, die Hose, das Kopftuch
die Jeans, der Gürtel, die Jacke, der Schuh → die Schuhe

schwarz
weiß
blau
gelb
rot
grün
orange
lila
braun
grau
rosa

Wichtige Sätze

2 Dein/e Lehrer/in liest vor. Lies mit. Sprich nach.

- Welche Farbe hat das T-Shirt von Ahmed?
- Blau und weiß.
- Richtig. / Leider nicht richtig.

!

Welche Farbe **hat**	der Rock …?
	die Hose …?
	das Kleid …?
Welche Farbe **haben**	die Schuhe …?

3 Schreib fünf Kärtchen.

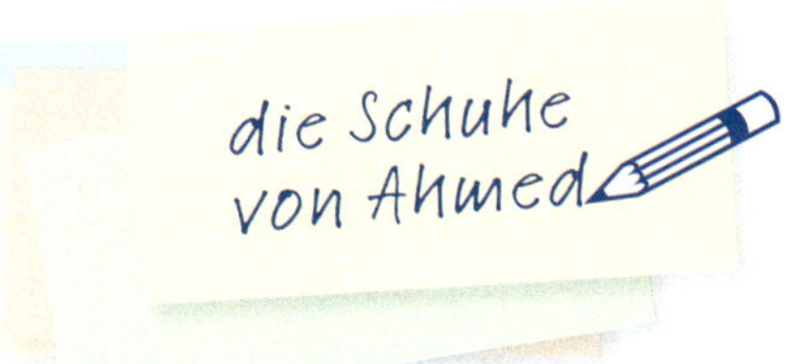

4 **Nehmt die Kärtchen und sprecht im Kurs.**

Welche Farbe haben die Schuhe von Ahmed?

Übungen

5 **Schreib die Wörter.**

6 **Schreib die Wörter.**

medH → Hemd ______ esuBl → ______ rütelG → ______

cokR → ______ nesaJ → ______ levulorP → ______

soHe → ______ Jekac → ______ fuKpocht → ______

7 **Schreib die Wörter aus 6.**

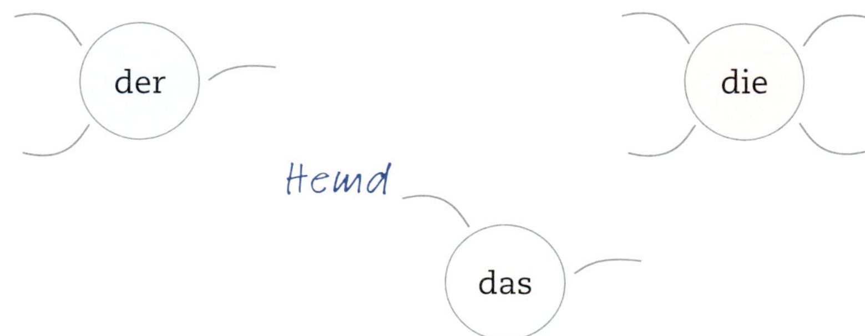

8 **Schreib die Wörter.**

■ We______ F______ h______ die Schuhe?

❖ ______

● Welche______ ______ ______ ______

❖ ______

21 Verkehrsmittel

Wichtige Wörter

1 **Dein/e Lehrer/in liest vor. Lies mit. Sprich nach.**

die Straßenbahn — der Bus — die U-Bahn — die S-Bahn

das Auto — das Taxi — das Fahrrad — zu Fuß gehen

der Zug — das Skateboard — der Roller — das Mofa

Wichtige Sätze

2 **Dein/e Lehrer/in liest vor. Lies mit. Sprich nach.**

- Wie kommst du zur Schule? Mit dem Fahrrad?
- Ja, mit dem Fahrrad. Und du? Mit dem Auto?
- Nein, mit dem Bus.

!

Mit …

der Bus	→ dem Bus
die S-Bahn	→ der S-Bahn
das Auto	→ dem Auto

⚠ Ich gehe zu Fuß.

!

✓ Ja ✗ Nein

3 **Schreib fünf Kärtchen.**

4 **Nehmt die Kärtchen und sprecht im Kurs.**

Wie kommst du zur Schule? Mit dem Taxi?

Übungen

5 **Schreib die Wörter und Buchstaben.**

der Bus → mit dem Bus

_____ Taxi → mit _____ _ _ _ _

_____ U-Bahn → mit _____ _ _ _ _ _ _

_____ Auto → mit _____ _ _ _ _

_____ S-Bahn → mit _____ _ _ _ _ _ _

_____ Roller → mit _____ _ _ _ _ _ _

_____ Fahrrad → mit _____ _ _ _ _ _ _ _ _

_____ Zug → mit _____ _ _ _

Ich _ _ _ _ _ _ Fuß.

6 **Schreib die Wörter.**

● _____ kommst _____ zur _____ ?
Mit _____ Fahrrad ?

❖ _____
Und _____ ? Mit _____ _____ ?

● _____

22 In der Stadt

Wichtige Wörter

1 **Dein/e Lehrer/in liest vor. Lies mit. Sprich nach.**

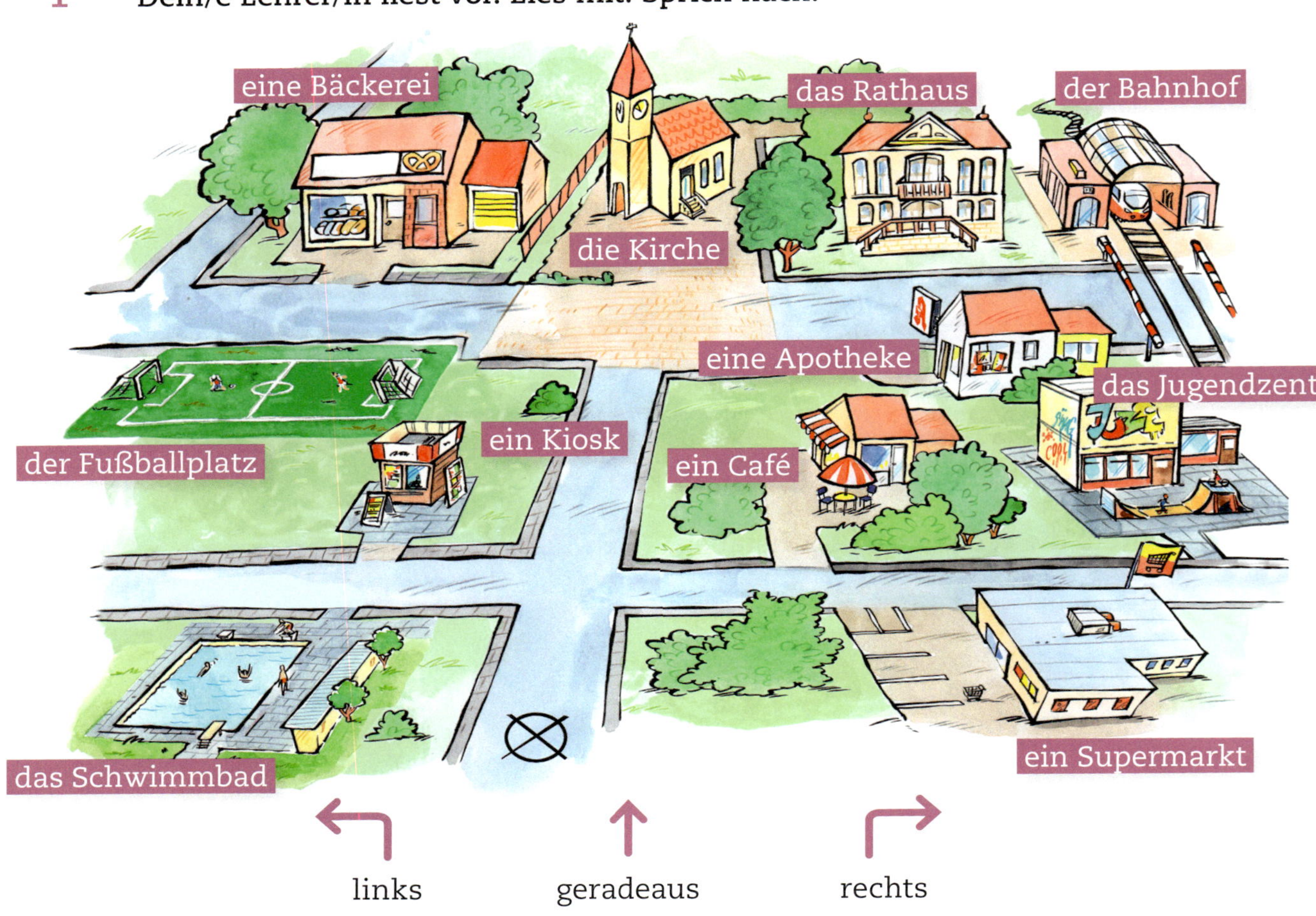

links — geradeaus — rechts

Wichtige Sätze

2 **Dein/e Lehrer/in liest vor. Lies mit. Sprich nach.**

- Entschuldigung. Wo ist der Bahnhof?
- Geradeaus und dann rechts.
- Danke.

- Entschuldigung. Wo ist hier ein Café?
- Rechts und dann links.
- Entschuldigung. Noch einmal, bitte.
- Rechts und dann links.
- Danke.

!

der Bahnhof
der Fußballplatz
die Kirche
das Rathaus
das Schwimmbad
das Jugendzentrum

!

ein Supermarkt
ein Kiosk
ein Café
eine Apotheke
eine Bäckerei

3 **Sprecht im Kurs mithilfe der Skizze in 1.**

Entschuldigung. Wo ist hier eine Apotheke?
Entschuldigung. Wo ist das Rathaus?

Übungen

4 **Ordne zu.**

Ca	fé
Kir	rei
Rat	hof
Apo	che
Bahn	bad
Bäcke	haus
Super	platz
Jugend	theke
Fußball	markt
Schwimm	zentrum

5 **Schreib die Wörter.**

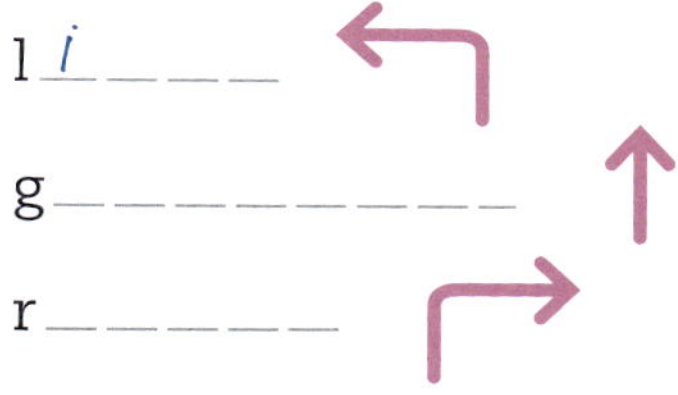

l i _ _ _

g _ _ _ _ _ _ _ _ _

r _ _ _ _ _

6 **Schreib die Wörter.**

◆ Entschuldigung. Wo ist _ _ _ Bahnhof?

❖ ______________________________

◆ Ent__________. ________ ist ________ ________ Café?

❖ ______________________________

◆ Entschuldigung. N________ e________ bitte.

❖ ______________________________

Grammatik

Verben verbs

	L05	L15	L02	L03	L03	L14	L14
L02	**sein**	**haben**	**heißen**	**kommen**	**wohnen**	**trinken**	**essen**
ich	bin	habe	heiße	komme	wohne	trinke	esse
du	bist	hast	heißt	kommst	wohnst	trinkst	isst
er / sie / es	ist	hat	heißt	kommt	wohnt	trinkt	isst
wir	sind	haben	heißen	kommen	wohnen	trinken	essen
ihr	seid	habt	heißt	kommt	wohnt	trinkt	esst
sie / Sie	sind	haben	heißen	kommen	wohnen	trinken	essen

Nomen nouns

Nominativ subject L07/L11/L12/L15/L17/L19/L20/L21/L22

1	der / ein / mein	Freund Bruder	die / eine / meine	Freundin Schwester	das / ein / mein	Buch
2, 3, ...	die / meine	Freunde Brüder	die / meine	Freundinnen Schwestern	die / meine	Bücher

Akkusativ direct object L12/L15/L19

der / ein Füller → den / einen Füller
die / eine Schere → die / eine Schere
das / ein Buch → das / ein Buch
die Chips → die Chips

Dativ indirect object L21

der / ein Bus → mit dem Bus
die / eine S-Bahn → mit der S-Bahn
das / ein Auto → mit dem Auto

Fragen Questions

Wann?	Wann hast du Geburtstag? / Wann haben wir Mathe?
Was?	Was kostet ...? / Was machst du morgen? / Was ist das? / Was isst du gern? / Was fehlt dir?
Wie?	Wie heißt du? / Wie geht es dir? / Wie spät ist es? / Wie heißt das auf Deutsch? / Wie kommst du zur Schule?
Wie viel?	Wie viel ist drei plus ...? / Wie viel Uhr ist es?
Wo?	Wo wohnst du? / Wo ist die Mensa?
Woher?	Woher kommst du?
Welch- ?	Welcher Tag ist heute? / Welche Farbe hat ...?

L9

Wann? → Am dritten November.

L15

Ich habe Geschwister.
Hast du Geschwister?
→ ✓ Ja. / ✗ Nein.